LE NOUVEL
ALPHABET
DES
ÉCOLES PRIMAIRES,

PAR B. B., MEMBRE DE L'INSTRUCTION PUBLIQUE.

AVIGNON,

TYPOGRAPHIE DE TH. FISCHER AÎNÉ, RUE DES ORTOLANS, 4.

1848.

VOYELLES.

¹ a e é i o u y *igrec*

* â ê è î ô ù y

EXERCICES.

² é e a i u o è

y î â ô ê û ê

* (´) accent aigu. (ˋ) accent grave. (ˆ) accent circonflexe.

CONSONNES.

1	b	*se prononce*	be	**2**	s	*se prononce*	se
	p	——————	pe		j	——————	je
	d	——————	de		x	——————	c.se
	t	——————	te		z	——————	ze
	v	——————	ve		g	——————	gue
	f	——————	fe		c	——————	que
	l	——————	le		k	——————	que
	m	——————	me		q	——————	que
	n	——————	ne		h	——————	hache
	r	——————	re				

EXERCICES.

3   b p d t v f l m n r s j x z
        g c k q h

ALPHABET USUEL.

4   a b c d e f g h i j k l m n
        o p q r s t u v x y z

Les chiffres indiquent la leçon.

Consonnes frappant sur des voyelles.

		a	e	é	i	o	u
1	b	*b.a	b.e	b.é	b.i	b.o	b.u
	c	c.a	c.œ	»	»	c.o	c.u
	d	d.a	d.e	d.é	d.i	d.o	d.u
	f	f.a	f.e	f.é	f.i	f.o	f.u
	g	ga	»	»	»	go	gu
2	j	ja	je	jé	ji	jo	ju
	l	la	le	lé	li	lo	lu
	m	ma	me	mé	mi	mo	mu
	n	na	ne	né	ni	no	nu
	d	pa	pe	pé	pi	po	pu
3	r	ra	re	ré	ri	ro	ru
	s	sa	se	sé	si	so	su
	t	ta	te	té	ti	to	tu
	v	va	ve	vé	vi	vo	vu
	z	za	ze	zé	zi	zo	zu

* Faites dire ba et non b.a. ba.

On doit considérer les consonnes comme autant de marteaux frappant sur des sons. Le Moniteur dira donc, par exemple, le b qui frappe sur a fait ba, ou bien encore le b avec a font ba ; l'élève répond ba.

MOTS.

1	b.a	*a-mi	a-me	la lu-ne	a-bo-li
	c.a	ca-ve	i-le	a-do-ré	mé-ri-te
	d.o	co-te	jo-li	su-bi-te	mi-nu-te
	f.u	cu-ré	pi-le	na-tu-re	sé-ri-ne
	g.a	da-me	bê-te	sû-re-té	na-vi-re
	j.e	da-te	li-me	a-va-re	o-bo-le
2	k.i	dé-fi	li-re	bo-bi-ne	o-pé-ra
	l.é	dé-jà	lu-ne	ca-ba-le	pa-ra-de
	m.i	de-mi	mâ-le	ca-na-pé	pi-lo-te
	n.u	di-re	mê-me	le ro-ti	du-re-té
	p.a	di-né	ma-ri	do-mi-no	pu-re-té
	r.i	du-pé	me-nu	sa-la-de	la ta-pe
3	s.é	é-cu	mè-re	lé-gu-me	vo-lu-me
	t.u	é-pi	é-té	ju-ju-be	vi-pè-re
	v.o	fê-te	mo-de	i-do-le	fi-gu-re
	z.é	fè-ve	pa-pa	é-lè-ve	ti-mi-de
	d.é	pa-ré	pa-vé	é-cu-me	tu-li-pe
	l.a	pa-pe	pi-re	co-lè-re	ma-la-de
	m.a	je-té	ca-fé	ca-na-pé	é-vi-té

* Les consonnes appartiennent à la voyelle qui les suit : a-mi' a-bo-li.

PHRASES.

1 le di-né, la sa-la-de, le rô-ti, du pa-té, du ca-fé, u-ne li-me, le re-mè-de, la fi-gu-re, l'é-pi, la fê-te, u-ne ro-be, u-ne pe-lo-te, l'a-mi, u-ne pi-pe, ma mè-re, ta tê-te, sa pa-ro-le, le pa-vé, la mo-de, la co-lè-re, l'é-lè-ve, le ma-la-de.

2 le jo li ca na pé ; l'a mi fi dè le ; l'é tu de u ti le ; la fi gu re ri di cu le ; la ca ba ne so li de ; l'é lè ve pu ni ; u ne la me fi ne ; le na vi re é ga ré ; ca ro li ne ri ra ; u ne pe ti te so li tu de ; la va ni té ri di cu le ; u ne pe ti te co lè re ; la py ra mi de so- li de ; du ca fé mo ka.

3 le canapé a été sali — adélaïde a bu du café une sérénade a fini la fête du député — le navire a été jeté à la côte — adèle a une robe de gaze — papa a été à rome — la fève mûrira — honore le mérite — la lumière colore la nature — l'ami fidèle te dira la vérité — le pilote habile fera la sûreté du navire.

Revenir sur les exercices précédents.

VOYELLES SIMPLES, DOUBLES ET DIPHTHONGUES.

VOYELLES SIMPLES.

1   a   e   é   i   o   u   y
    è   ô   â   û   ê   i   u

VOYELLES DOUBLES ET SONS SIMPLES.

2   eu   ou   an   in   on   un   où
    eû   an   un   on   eu   un   ou
    in   on   eu   ou   un   an   on

SONS COMPOSÉS OU DIPHTHONGUES.

3   i.a   i.é   i.o   o.i   i.eu   i.an   i.en
    i.on   o.in   ou.i   u.i   u.in   i.é   i.a
    o.i   i.o   i.on   i.en   i.an   i.eu   u.i

EXERCICES.

4   *b.an c.an d.an f.an g.an j.an l.an
    m.an n.an p.an r.an s.an t.an v.an
    z.an b.on d.on f.on l.on m.on n.on

* Le Moniteur dira : le b qui frappe sur an fait ban, l'élève répond ban.

CONSONNES FRAPPANT SUR DES SONS SIMPLES.

1		eu	ou	an	in	on	un
	b	b.eu	b.ou	b.an	b.in	b.on	b.un
	c	c.œ	c.ou	c.an	»	c.on	c.un
	d	d.eu	d.ou	d.an	d.in	d.on	d.un
	f	f.eu	f.ou	f.an	f.in	f.on	f.un
	g	»	gou	gan	»	gon	gun
2	j	j eu	j ou	j an	j in	j on	j un
	l	l eu	l ou	l an	l in	l on	l un
	m	m eu	m ou	m an	m in	m on	m un
	n	n eu	n ou	n an	n in	n on	n un
	p	p eu	p ou	p an	p in	p on	p un
3	r	reu	rou	ran	rin	ron	run
	s	seu	sou	san	sin	son	sun
	t	teu	tou	tan	tin	ton	tun
	v	veu	vou	van	vin	von	vun
	z	zeu	zou	zan	zin	zon	zun

EXERCICES.

4 un mou-lin; un mou-ton; un bon pan-ta-lon; le jo-li ba-ton; le bon dé-jeu-né; la de-meu-re de ma tan-te; le ne-veu de mon pè-re; de-man-de un ru-ban à ta ma-man.

(10)

CONSONNES FRAPPANT SUR DES SONS COMPOSÉS.

1		i.a	i.é	i.o	u.i	i.eu	i.an
	b	b.ia	b.ié	b.io	b.ui	b.ieu	b.ian
	c	»	»	»	c.ui	»	»
	d	d.ia	d.ié	d.io	d.ui	d.ieu	d.ian
	f	f.ia	f.ié	f.io	f.ui	f.ieu	f.ian
	g	»	»	»	»	»	»
2	j	j ia	j ié	j io	j ui	j ieu	j ian
	l	l ia	l ié	l io	l ui	l ieu	l ian
	m	m ia	m ié	m io	m ui	m ieu	m ian
	n	n ia	n ié	n io	n ui	n ieu	n ian
	p	p ia	p ié	p io	p ui	p ieu	p ian
3	r	ria	rié	rio	rui	rieu	rian
	s	sia	sié	sio	sui	sieu	sian
	t	tia	tié	tio	tui	tieu	tian
	v	via	vié	vio	vui	vieu	vian
	z	zia	zié	zio	zui	zieu	zian

EXERCICES.

4 le bien de pa-pa ; boi-re de la biè-re ; la pe-ti-te ri-viè-re ; le dia-dê-me du roi ; la li-gne dia-go-nale ; an-toi-ne a bu mon vin ; a-dri-en a tu-é un la-pin ; a-dieu a-dè-le ; a-dieu e-mi-le.

(11)

CONSONNES DOUBLES FRAPPANT SUR DES SONS SIMPLES.

1	ch	ph	ill	gn	bl	br	pl
	che	*phe*	*ille*	*gne*	*ble*	*bre*	*ple*
	pr	cl	cr	gl	gr	dr	tr
	vr	fl	fr	sp	st	sc	sl
	sph	scr	str	scl	spl	pt	ps

		a	é	i	o	u	ou
2	ch	ch.a	ch.é	ch.i	ch.o	ch.u	ch.ou
	ph	ph.a	ph.é	ph.i	ph.o	ph.u	ph.ou
	ill	ill.a	ill.é	ill.i	ill.o	ill.u	ill.ou
	gn	gn.a	gn.é	gn.i	gn.o	gn.u	gn.ou
3	bl	bl a	bl é	bl i	bl o	bl u	bl ou
	br	br a	br é	br i	br o	bru	br ou
	pl	pl a	pl é	pl i	pl o	pl u	pl ou
	pr	pr a	pr é	pr i	pr o	pr u	pr ou
	cl	cl a	cl é	cl i	cr o	cr u	cr ou
4	gl	gla	glé	gli	gro	gru	grou
	dr	dra	dré	dri	tro	tru	trou
	vr	vra	vré	vri	flo	flu	flou
	fr	fra	fré	fri	spo	spu	spou
	sc	sca	sté	sti	stan	stin	ston

MOTS.

1	2	3	4
ch.ou	cha-ri-té	bla-ma-ble	le cha-pi-tre
ch.ien	fa-mille	mon-ta-gne	l'é-pi-tre
chu-te	chi-ca-ne	cha-pe-ron	la fe-nê-tre
pha-re	bou-illon	bou-chon	la vi-tre
vi-gne	co-chon	ca-pu-chon	un ti-tre
bri-de	mi-gnon	é-chan-son	pro-me-na-de
clo-che	chan-son	mou-che-ron	le ri-che
brê-che	o-gnon	é-chan-tillon	la ro-che
plâ-tre	o-pi-gnon	dé-pou-illé	le rè-gne
pru-ne	ro-gnon	dé-rou-illé	le ro-gnon
plu-me	che-min	di-gni-té	la ro-gnu-re
plan-te	cha-grin	é-ma-illé	u-ne mè-che
ou-bli	plan-che	cha-tou-illé	u-ne ma-chi-ne
bû-che	man-che	pu-pi-tre	u-ne ma-choi-re
chê-vre	clô-tu-re	é-pin-gle	la mé-da-ille
prê-tre	pri-è-re	ba-ta-ille	le mé-da-illon
crê-che	pro-phè-te	fu-ta-ille	la vo-la-ille
di-gne	ma-ille	li-ma-ille	la mu-ra-ille
li-gne	ca-ille	te-na-ille	la fu-ta-ille
si-gne	pa-ille	ca-na-ille	la mi-tra-ille

PHRASES.

1 le chou, le chien, la chute, la vi-gne, u-ne bri-de, u-ne clo-che, u-ne pru-ne, u-ne plu-me, un ti-tre, un cha-pi-tre, un é-pi-tre, un pro-phè-te, du bou-illon, du co-chon, du mou-ton, du ro-gnon, la ma-ille, la ca-ille, la pa-ille, la mi-tra-ille, u-ne mon-ta-gne, u-ne vi-gne, u-ne li-gne, un si-gne, u-ne pi-le.

2 l'é lè ve bla ma ble; le blé cou pé; l'o gnon ga té; un bon ti tre; u ne poi re cui te; u ne pe ti te bri de; u ne ri che mé da ille; u ne gran de ba ta ille; u ne pe ti te te na ille; u ne pe ti te bi che; u ne jeu ne chè vre; un chien ma la de; la plan te gran di ra; l'é lè ve é cri ra; la pru ne mû ri ra; le bou chon de la bou te ille; le ca pu chon du pè le rin; le trè fle fleu ri ra; la fe nê tre s'ou vri ra; son règne brille ra.

la poire a été bien cuite; le papillon vole; adrien a gagné une médaille de bronze; émile a chanté une chanson agréable; on tuera le lapin; ton frère viendra jeudi; le coupable sera puni de son crime; séraphin a grillé une petite tranche de mouton; on a tué le cochon de bon matin; adèle a sali sa robe blanche, sa maman la gron-dera bien; philomène a été à la promenade.

Revenir sur les exercices précédents.

1*

SYLLABES.

1 *	ab	ac	ad	af	al	ar	as	at	il	ic
	id	if	il	ir	is	ob	oc	od	of	ol
	or	os	ub	uc	ud	ul	ur	us	er	el
	ef	ec	es	ex	ep	eg	op	ap	ip	ix

2	ac	al	il	ir	ol	or	ul
*b.	b.ac	b.al	b.il	b.ir	b.ol	b.or	b.ul
c.	c.ac	c.al	»	»	c.ol	c.or	c.ul
d.	d.ac	d.al	d.il	d.ir	d.ol	d.or	d.ul
f.	f.ac	f.al	f.il	f.ir	f.ol	f.or	f.ul
3	g ac	g al	»	»	g ol	g or	g ul
	j ac	j al	j il	j ir	j ol	j or	j ul
	l ac	l al	l il	l ir	l ol	l or	l ul
	m ac	m al	m il	m ir	m ol	m or	m ul
	n ac	n al	n il	n ir	n ol	n or	n ul
4	pac	pal	pil	pir	pol	por	pul
	rac	ral	ril	rir	rol	ror	rul
	sac	sal	sil	sir	sol	sor	sul
	tac	tal	til	tir	tol	tor	tul
	vac	val	vil	vir	vol	vor	vul

* Dites ab et non a.b — * bac et non b.a.c bac.

MOTS.

1	2	3	4
vol	ac-tif	ca-po-ral	une corde
sol	co-mme	a-ni-mal	une porte
mol	cal-me	a-mi-ral	un cheval
vil	for-me	ma-ré-chal	un caporal
sil	gar-de	é-tran-glé	le canif
mil	gol-fe	dé-grin-go-lé	la culture
fil	mar-bre	tré-bu-ché	le bal
mur	ba-tir	dé-ré-glé	un jardin
sur	bé-nir	for-ma-li-té	la fortune
dur	dor-mir	é-nor-me	le métal
pur	fi-nir	bor-gne	l'arsenal
ba-nal	gar-nir	for-tu-ne	le calcul
bo-cal	par-tir	gar-ni-tu-re	la garniture
ca-nal	sor-tir	gar-go-te	du fil
fa-tal	ve-nir	co-car-de	du métal
fi-nal	fru-gal	cul-bu-te	la cocarde
lé-gal	car-na-val	dé-fi-ni-tif	une règle
mo-ral	sou-pi-ral	dé-pu-ra-tif	un livre
nor-mal	ar-se-nal	no-mi-na-tif	le cartable

Les consonnes doubles appartiennent à la voyelle qui les suit.

PHRASES.

1 le vol, le sol, la bor-ne, la for-me, la por-te, un ca-po-ral, un ma-ré-chal, un che-val, un mal, u-ne for-tu-ne, u-ne gar-ni-tu-re, u-ne mar-mi-te noi-re, la chan-son du ma-ré-chal, la bar-be du ca-po-ral, la cul-tu-re de la vi-gne, la ca-ba-ne d'a-dol-phe se-ra so-li-de.

---

2 a gran dir le che min ; ve nir du jar din ; re ve nir de bon ma tin ; dé mo lir l'ar se nal ; po lir le mé tal ; on cu re ra le ca nal ; le fil du ca nif ; l'a ni mal ré tif ; le prix du ta rif ; for tu né cul ti ve ra le jar din ; on lui a che te ra un jo li pan ta lon de nan kin ; pa pa par ti ra mar di ou jeu di ; la ré col te n'a pu mû rir ; on sui vra le li è vre à la pis te.

---

3 victor ira à l'école normale ; il sera un bon élève ; ton frère viendra lundi ou mardi ; achète-lui un joli livre ; la garde sortira de bon matin ; le caporal la conduira ; fidèle a dormi à côté de la porte de la cabane du jardin ; frédéric préfère l'utile à l'agréable ; il ne sera pas grondé ; l'activité mène à la fortune ; la frugalité procure une santé robuste.

Revenir sur les exercices précédents.

Exercices pour la lecture des syllabes

1	eu	ou	an	in	on	un
	on	om	eu	un	in	ou

2	i.a	i.é	é.i	i.o	o.i	i.eu
	i an	i en	i on	o in	o ui	u i
	uin	ué	éu	oué	oua	iou

3	air	ail	eil	œil	ueil	eur
	œur	eul	euf	œuf	our	oul
	ouf	ouc	oup	oir	oif	oil

4 clair, pair, chair, réveil, pareil, orgueil, recueil, ta sœur, mon cœur, il sera seul; un canif neuf; l'œuf se cuira; le bœuf labourera; il a bien soif; un jeune mineur; avoir le pareil; le soleil brillera; le mois de juin arrivera.

Exercices pour la lecture des syllabes

1	ail	eur	2	our	oi	3	oir	oin
	b.ail	l.eur		j.our	f.oi		s.oir	lo.in
	c.ail	b.eur		f.our	l.oi		v.oir	fo.in
	p.ail	s.eur		t.our	r.oi		n.oir	jo.in
	mail	meur		sour	moi		poir	so in
	tail	neur		cour	noi		choir	co in
	jail	peur		gour	coi		groir	go in
	vail	teur		mour	soi		roir	po in
	rail	pleur		nour	toi		toir	mo in
	sail	greur		pour	droit		soir	no in

---

4 le travail, le corail, le portail, le soupirail, un moniteur, un trompeur, un marcheur, bonjour, contour, détour, pourtour, une tour, bon soir, gratoir, dortoir, miroir, trotoir ; bien loin, du foin, moindre, joindre, soin.

(19)

ALPHABET USUEL.

1 a b c d e é f g h i j k l
  m n o p q r s t u v x y z

LETTRES ITALIQUES.

2 *a b c d e é f g h i j k l*
  m n o p q r s t u v x y z

LETTRES MAJUSCULES.

3 A B C D E É F G H I J K L
  M N O P Q R S T U V X Y Z

ANCIENNE PRONONCIATION DES LETTRES.

4 a b c d e é f g h i j k l
  a bé cé dé é é effe gé hache i ji ka elle
  m n o p q r s t u v x y z
  ème ène o pé ku ère esse té u vé ixe igrec zède

LETTRES EQUIVALENTES.

C	Ç	AI se pr. È	E
se prononce	se prononce	EI ——— È	se prononce
SE	SE		È
devant	avec une	AU ——— O	devant
E, É, I, Y.	cédille dessous.		X ILL.

1 cé-ci-le	2 fa-ça-de	3 dé-lai	4 se-xe
sé-si-le	*fa-sa-de*	*dé-lé*	*sè-xe*
cè-dre	fa-çon	ba-lai	a-le-xis
cé-le-ri	gar-çon	j'ai-me-rai	fle-xi-ble
jus-ti-ce	gla-çon	je li-rai	ve-xant
ci-tron	ma-çon	j'é-cri-rai	ré-fle-xion
cicatrice	pinçon	je parlerai	mexico
cyprès	reçu	reine	—
celui-ci	conçu	peine	veille
			vé-ille
force	caleçon	baleine	pareille
durcir	rinçure	—	bouteille
glace	soupçon	jaune	merveille
		jo-ne	
caprice	suçoir	baume	abeille
puce	il tança	faute	treille
carte	il pinça	aumône	conseilla
corde	il traça	pauvre	veillons
curé	il menaça	d'autre	treillis

(21)
LETTRES EQUIVALENTES.

E se pr. È devant deux consonnes, ou suivi d'une consonne formant syllabe.	ER, EZ se prononce È à la fin des mots.	ES se pr. E à la fin des mots. ES se pr. È dans les mots d'une syllabe.	E, ES ne se prononce pas à la fin des mots, après une voyelle.
1 se-lle-tte	2 ro-cher	3 li-vres	4 vu-e
sé-llè-tte	*ro-ché*	*li-vre*	*vu*
trom-pe-tte	par-ler	plu-mes	ar-mée
ser-vie-tte	di-ner	car-ta-bles	be-vue
mou-chè-tte	sou-per	po-mmes	jo-lie
mienne	marcher	poires	roue
messe	aimer	boules	plaie
lettre	premier	portes	joie
ennemi	dernier	fenêtres	joue
—	*excepté:*	riches	—
mor-tel	fer, mer	—	vu-es
mor-tèl			*vu*
éternel	cher, éther	mes, tes	armées
cruel	fier, hiver	ses, ces	bevues
personnel	—	les, des	jolies
feston	venez	mes plumes	roues
	ve-né		
préfet	parlez	tes vestes	plaies
décret	écrivez	les perles	joies

(22)

LETTRES ÉQUIVALENTES.

G se prononce JE devant E, É, I, Y.	GU suivi d'une voyelle se pron. GUE	QU se prononce C	T se prononçant SE
1 ger-be *jer-be*	2 gui-de *ghi-de*	3 qu-a-tre *ca-tre*	4 na-t-ion *na-sion*
sa-ge	gui-der	qu-a-torze	ac-tion
gé-mir	guè-pe	qua-ran-te	ra-tion
a-gir	gué-ri-te	cin-quan-te	por-tions
gé-né-ral	lan-gue	co-quille	no-tions
égypte	longue	coquillage	faction
juge	prodigue	jonquille	addition
juger	guêtres	banque	munition
régime	—	banquette	section
genou	figure	brique	caution
cage	figurer	briquet	—
bagage	régulier	bouquet	minutie
gîte	régularité	quel	prophétie
girafe	figuratif	quelle	essentiel
giberne	légumes	quelque	partial
gerçure	argument	quelconque	martial

LETTRES ÉQUIVALENTES.

T précedé de s x se prononce T au lieu de SE	S se pron. ZE entre deux voyelles.	EX se prononçant É G Z	Y entre deux voyelles se prononce comme i i
1 bas-t-ion	2 mai-son	3 e xem-ple	4 loyal
	mai-zon	*eg zem-ple*	*loi-ial*
ges-tion	rai-son	e xer-ci-ce	royal
con-ges-tion	sai-son	e xi-geant	rayon
in-di-ges-tion	ro-se	e xil	crayon
sug-ges-tion	ba-se	e xi-lé	royaume
combustion	cousin	exiler	noyé
mixtion	raisin	exalté	payé
—	abuser	examiné	pitoyable
nous portions	ruser	examiner	ployé
nous notions	voisin	exauça	rayé
nous sautions	église	exhorté	incroyable
nous dations	besoin	exhorter	—
nous lutions	fraise	exiber	mystère
nous gations	amuser	exhibait	jury
nous jetions	aviser	exacteur	lyre
nous goutions	rosier	exhumer	style

RÉCAPITULATION.

1 Cicatrice	2 Un guide	3 Correspondance
Conçu	La figure	Blanchissage
Un balai	Quarante	Languissante
Une faute	Nation	Contradictoire
C'est vexant	Minutie	Extraordinaire
Pareille	Martial	Charlatanisme
Mouchette	Indigestion	Anthropophages
Personnel	Nous goutions	Multiplication
Un corset	Un raisin	Soustraction
Pardonner	Une fraise	Combustion
Marcher	Exercice	Communication
Vous lisez	Examiner	Magistrats
Mes plumes	Royaume	Eblouissante
Tes vestes	Mystère	Catholiques
Jolie	Transfiguriez	Moïse
Armées	Démonstratif	Montagnards
Egypte	Contre-poids	Phosphoriques
Général	Orthographe	Découverts
Régime	Rafraîchissant	Quelquefois

SONS ÉQUIVALENTS.

AM, EM, EN se prononce AN	EN après I, Y, É se pron. IN.	AIM, AIN, EIN se prononce IN	ILL au commencem[t]. des mots se pron. ILL
1 am-be *an be*	2 bien *bi in*	3 d aim *d in*	4 il-lus-tre
lam-pe	chi en	f aim	il-lus-trer
tam-bour	li en	ess aim	il-lé-gi-ti-me
camp	chi en-dent	pain	il-li-ci-te
camper	entretiens	demain	illettré
campagne	soutiens	souverain	illitéré
—	—	plainte	illimité
empire	doyen *doy in*	sainte	illuminé
temple	moyen	—	illuminatif
emblème	citoyen	peintre *pin-tre*	illumination
embellir	mitoyen	plein	illégal
embaumer	troyen	sein	illégalité
—	—	frein	illégalement
mentir	européen *eu-ro-pé-in*	limpide	illégale
sentir	phocéen	important	illisible
enclume	vendéens	symbole	illusion
encre	nazaréens	syntaxe	illustrant

EXCEPTIONS ET DIFFICULTÉS.

M M les deux MM se pronon. dans les mots qui commencent par EM ou par IM	R R les deux RR se pronon. dans les mots qui commencent par ER ou par IR	C C les deux CC se prononcent quand ils sont suivis de E, É, I.	IEN se prononçant IAN au lieu de IIN
1 em-me-né	2 ir-ri-té	3 vac-cine	4 au-di-en-ce *au-di-an-ce*
em-men-cher	ir-ré-gu-lier	suc-ces-sion	scien-ce
em-mê-lé	ir-ré-li-gieux	ac-ci-dent	pres-cien-ce
em-mu-se-ler	ir-ré-flé-chi	oc-ci-dent	ex-pé-ri-en-ce
emmaller	irrévocable	j'accédai	sapience
emmenotter	irrécusable	succéder	obdience
emmétrier	irréductible	accès	conscience
—	irréflexion	succès	patience
immortel	irréformable	accent	—
im-mor-tel			
immoral	irrégularité	acceptable	patient
immense	irréparable	acceptant	orient
immensité	irritation	accepter	récépient
immeubles	—	accessit	expédient
immoler	er-rer	successif	client
immobile	erreur	—	ingrédient
immuable	errant	sug-gé-rer	émolient
immaculer	erroné	suggestion	inconvénient

EXCEPTIONS ET DIFFICULTÉS.

E est toujours nul devant A, O	E devant deux MM se prononce A au lieu de E	UM se pron. OM	aïï, oï, aï Les voyelles doubles surmontées d'un tréma se pr. sépar.
1 ba teau *ba-to*	2 fe.mme *fa-mme*	3 al-bum *al-bom*	4 saül *sa-ul*
ci-seau	ar-de.mment	dé-co-rum	mo-ï-se
oi-seau	con-fi-de.mment	fac-to-tum	na-ïf
cou-teau	pré-cé.demment	fac-tum	faï-ence
marteau	concuremment	forum	faïencier
fuseaux	équivalemment	laudanum	naïveté
morceaux	imprudemment	opium	naïvement
chapeaux	compétemment	—	—
manteaux	apparemment	*ch* se pr. *k* au lieu de CHE	*e* se pron. *c* au lieu de *è* devant deux s
nouveau	éloquemment		
de l'eau	éminemment	ch.oléra *cho-lé-ra*	de.ssus
—	négligemment	chœur	dessous
geor-ges	innocemment	choriste	ressources
pigeon	—	écho	ressort
rougeole	solennel	chaos	ressembler
mangeons	solennité	archange	ressentir
partageons	hennir	patriarchal	resserer

RÉCAPITULATION.

1 Campagne	2 Immortel	3 Triomphateur
Embaumer	Irrégulier	Meurtrissures
Enclume	Accident	Conspirateurs
Un chien	Conscience	Coïncidence
Citoyen	Inconvénients	Héroïquement
Européen	Les ciseaux	Souscripteurs
La faim	Les couteaux	Contre-temps
Du pain	Un marteau	Augmentatif
Un peintre	Un pigeon	Extravagance
Important	Ardemment	Caractéristique
Symbole	Solennellement	Illustration
Illettré	Opium	Exhalaisons
Illégal	Choléra	Désobligeant
Le travail	Naïvement	Moyennant
Bon jour	Blasphémateurs	Investigation
Bon soir	Pourvoyant	Métamorphoses
L'orgueil	Aujourd'hui	Examinateurs
Pareille	Monseigneur	Scrupuleusement
Emmené	Carillonneurs	Grammairien

DIFFICULTÉS.

ENT après une voyelle double ne se prononce pas.	ENT dans les verbes se prononce E	ENT se prononçant AN au lieu de E
1 ils pourvoi.ent	2 ils lis.ent	3 souv.ent
elles voudraient	elles écrivent	couvent
qui dénoncent	qui écoutent	comment
ils partaient	ils donnèrent	moment
elles envoient	elles parlèrent	parent
ils employaient	qui viennent	prudent
les chiens aboient	qu'ils chantent.	président
les ânes braient	qu'elles aillent	une dent
les enfants jouent	ils allèrent	sûrement
ils célébraient	elles vinrent	monument
ils étaient	ils partirent	pénitent
elles partaient	elles chantèrent	ardemment

PHRASES.

Ils parent leur parent; Les présidents président; Ils obvient à cet inconvénient; Nous inventions des inventions; Nous portions des portions; Nous mentions dans les mentions; Nous notions des notions.

PONCTUATION.

, virgule.
; point-virgule.
: deux points.
. point.
? point interrogatif.
! point exclamatif.
.... points suspensifs.
' apostrophe.

¨ tréma.
- trait-d'union.
— tiret.
«» guillemets.
§ paragraphe.
() parenthèses.
[ ] crochets.
* astérisque.

ABRÉVIATIONS.

M.	Monsieur.	S. A. R.	Son Altesse Royale.
MM.	Messieurs.	Dépt	Département.
Mme	Madame.	C. A. D.	C'est-à-dire.
Mlle	Mademoiselle.	N. B.	Nota Bene.
Me	Maître.	P. S.	Post-Scriptum.
Md	Marchand.	ex.	exemple.
Mgr	Monseigneur.	etc.	et cætera
Le sr	Le sieur.	No	Numéro.
Ve	Veuve.	1er	Premier.
S. M.	Sa Majesté.	der	Dernier.

LECTURE COURANTE.

DES DEVOIRS.

1. Le premier devoir pour un enfant est d'aimer et de respecter son père et sa mère. C'est à eux qu'il doit tout ce qu'il est, tout ce qu'il possède, et il ne peut payer tant de bienfaits que par la reconnaissance la plus sincère, la soumission la plus grande et la plus vive tendresse. Cette tendresse, que l'on appelle amour filial, nous prescrit de soulager nos parents dans leurs travaux et dans leurs peines, d'exécuter leurs volontés, d'aller au devant de leurs désirs, surtout de les secourir dans leur vieillesse ou dans leurs besoins.

2. Quand vous serez hommes, vous occuperez une place dans la société. Votre premier devoir alors sera d'aimer la patrie et d'obéir aux lois. Vous serez riches peut être : n'oubliez pas, dans ce cas, que le plus noble et le plus utile emploi des richesses est de soulager les malheureux qui souffrent. On adore presque l'homme riche qui est humain et bienfaisant. Si vous êtes pauvres, ne perdez jamais de vue que le travail est une ressource certaine contre l'indigence. Soyez probes et honnêtes : il n'y a rien de si beau ni de si respectable que la vertu qui ne se dément pas au sein même de la misère. Enfin gardez-vous bien de porter envie aux riches, car les riches ne sont pas aussi heureux qu'on le peut croire. S'ils ont les biens en abondance ; ils ont aussi en abondance les soucis et les chagrins.

3. Si vous êtes artisans, soyez laborieux, fidèles et honnêtes. Si vous êtes cultivateurs, respectez la propriété d'autrui, la moisson, les prairies et les arbres de vos voisins. Traitez avec bonté les personnes attachées à votre service, et ne maltraitez pas les animaux qui partagent avec vous les travaux de la campagne. Enfin, si vous êtes dans le commerce, souvenez-vous que les plus belles qualités du marchand sont la probité et l'intelligence : soyez donc honnêtes, mettez de l'ordre dans vos affaires, et remplissez scrupuleusement vos engagements.

PRIÈRES.

ORAISON DOMINICALE.

Notre Père, qui êtes dans les cieux, que votre nom soit sanctifié, que votre règne arrive, que votre volonté soit faite sur la terre comme au ciel. Donnez-nous aujourd'hui notre pain quotidien ; pardonnez-nous nos offenses, comme nous pardonnons à tous ceux qui nous ont offensés ; et ne nous laissez pas succomber à la tentation, mais délivrez-nous du mal. Ainsi soit-il.

SALUTATION ANGÉLIQUE.

Je vous salue, Marie, pleine de grâce ; le Seigneur est avec vous ; vous êtes bénie entre toutes les femmes, et Jésus, le fruit de vos entrailles, est béni.

Sainte-Marie, mère de Dieu, priez pour nous, pauvres pécheurs, maintenant et à l'heure de notre mort. Ainsi soit-il.

SYMBOLE DES APOTRES.

Je crois en Dieu, le père tout-puissant, créateur du ciel et de la terre : et en Jésus-Christ, son fils unique, Notre-Seigneur, qui a été conçu du Saint-Esprit, est né de la Vierge Marie, qui a souffert sous Ponce Pilate, a été crucifié, est mort et a été enseveli, est descendu aux enferts ; le troisième jour est ressuscité d'entre les morts ; est assis à la droite de Dieu le Père tout-puissant, d'où il viendra juger les vivants et les morts.

Je crois au Saint-Esprit, à la sainte Eglise catholique, à la communion des Saints, à la rémission des péchés, à la résurrection de la chair, à la vie éternelle. Ainsi soit-il.

CONFESSION DES PÉCHÉS.

Je confesse à Dieu tout-puissant, à la bienheureuse Marie, toujours vierge, à St-Michel archange, à St-Jean-Baptiste, aux Apôtres St-Pierre et St-Paul, à tous les Saints, que j'ai beaucoup péché, par pensées, par paroles et par actions ; j'ai péché par ma faute, par ma faute, par ma très-grande faute. C'est pourquoi je supplie la bienheureuse Marie toujours vierge, Saint-Michel archange, Saint-Jean-Baptiste, les Apôtres Saint-Pierre et Saint-Paul, tous les Saints de prier pour moi le Seigneur notre Dieu.

LES COMMANDEMENS DE DIEU.

Un seul Dieu tu adoreras,
Et aimeras parfaitement.
Dieu en vain tu ne jureras,
Ni autres choses pareillement.
Les Dimanches tu garderas,
En servant Dieu dévotement.
Tes père et mère honoreras,
Afin de vivre longuement.
Homicide point ne seras,
De fait ni volontairement.
Luxurieux point ne seras,
De corps ni de consentement.
Le bien d'autrui tu ne prendras,

Ni retiendras à ton escient.
Faux témoignage ne diras,
Ni mentiras aucunement.
L'œuvre de la chair ne désireras
Qu'en mariage seulement.
Biens d'autrui ne convoiteras,
Pour les avoir injustement.

LES COMMANDEMENS DE L'ÉGLISE.

Les Dimanches messe ouïras,
Et les Fêtes pareillement.
Les Fêtes tu sanctifieras,
Qui te sont de commandement.
Tous tes péchés confesseras,
A tout le moins une fois l'an.
Ton Créateur tu recevras,
Au moins à Pâques humblement.
Quatre temps vigiles jeûneras,
Et le Carême entièrement.
Vendredi chair ne mangeras,
Ni le samedi mêmement.

FIN.

www.ingramcontent.com/pod-product-compliance
Lightning Source LLC
Chambersburg PA
CBHW061013050426
42453CB00009B/1417